Comienza a trabajar Ahora

Guía practica para comenzar a ser un agente comercial
internacional desde hoy. Tu puedes hacerlo

Silvana Moreira Dávila

Prólogo

En éste libro queremos presentar las directrices básicas que todo intermediario o agente comercial internacional debe conocer para poder cerrar operaciones de ventas exitosas.

Con ésta obra no intentamos que los lectores sean licenciados en comercio exterior sino muy por el contrario daremos las herramientas básicas de trabajo para todos aquellos que sin tener experiencia en el comercio internacional quieren comenzar a dar sus primeros pasos en el sector.

Trabajaremos con la experiencia real y daremos una información adaptada a todo tipo de perfil educacional.

Podrás tener una visión general de cómo comenzar a cerrar operaciones en comercio exterior con éxito, aprendiendo a escoger la relación con tus proveedores y la forma correcta de seleccionar los pedidos que te generen mayores ganancias.
Te daremos una guía sencilla con la que te podrás manejar día a día y generar ingresos en tu empresa como intermediario del comercio internacional.

Teniendo en cuenta que tu función básica será la de búsqueda de nuevos clientes y la generación de ventas te mostraremos el camino para que ningún proveedor pueda renegar del pago de comisiones o la legitimidad de tu venta.
Aprende a través de nuestro libro y olvídate que nadie " **te robe**" tus clientes.
Te enseñaremos a buscar nuevos clientes utilizando tu ingenio y las herramientas tecnológicas adecuadas.

Aprenderás a preparar una reunión comercial eficiente. También te mostraremos que aunque en el comercio internacional existan unos 100 documentos que pueden llegar a utilizarse dependiendo del producto, las leyes país y las formas de pago te resumimos en 7 los documentos que como intermediario debes conocer. Te mostraremos sus usos, quien lo emite y te enseñamos los modelos.

Al finalizar cada tema **te daremos una Guía de trabajo** que deberás tener presente para cada proveedor y/o producto con el fin de poder trabajar como un verdadero profesional de comercio internacional.

Imprime la guía y guárdalas en tu ordenador como fichas de trabajo te ayudará a que las ventas sean efectivas y reales

¡Utiliza las técnicas de marketing internacional y comercio exterior para cerrar ventas con éxito!.

Trabaja con cada uno de los puntos de la Guía de trabajo y realiza tus propias fichas contestando las preguntas y ponte manos a la obra.

Porque **¡¡No es cuestión de Suerte!!** Y yo voy darte las pautas de trabajo que todos los profesionales utilizan pero muy pocos enseñan.

El comercio internacional. Lo que debes saber

El creciente desarrollo de las economías ha provocado que las empresas deseen ampliar sus horizontes comerciales más allá del ámbito nacional. En un mundo cada vez más globalizado y en donde las nuevas tecnologías nos brindan mayor información y mejoras en la comunicación entre personas, el comercio internacional ya no es sólo un tema de las grandes multinacionales sino que cada vez son más y más pymes que comienzan a incursionar por estos lares.

Todo ésta oleada de crecimiento ha obligado a que muchos hayan sido los profesionales que han incurrido en estudios sobre los mercados internacionales, sus dificultades de desarrollo y la complejidad de implementación pero también hemos aprendido las grandes ventajas de crecimiento que podemos encontrarnos al alcance de una mano y que voy a enseñarte.

La conquista de mercados internacionales sólo es efectiva en aquellas empresas que trabajan con especialistas estudiando al detalle cada una de las acciones que se llevarán a cabo; ya que a diferencia de la expansión en el mercado nacional, cuando las empresas traspasan fronteras, se encontrarán con un consumidor con gustos, preferencias y costumbres por lo general muy distintas al mercado propio así como los requisitos tanto legales como técnicos que nuestros productos deberán cumplir serán muy diferentes y que deberemos tener en cuenta para poder introducirlos en el país seleccionado.

Las empresas pueden optar en la ampliación de fronteras, ya sea por una situación de excedentes de mercancía debido a la falta de consumo suficiente en el mercado interno o bien con el fin de obtener mayor índices de rentabilidad. Como intermediario tienes que tener muy claro en que mercado es el que te vas a posicionar ya que esta información es la que te enseñara las estrategias comerciales que posee la empresa productora y por lo tanto podrás adaptar tus propias formas de actuación comercial y amoldarlos con los objetivos del proveedor. Todos los intermediarios o agentes internacionales deben conocer perfectamente las políticas expansivas de las empresas proveedoras, ya que al tener el máximo de información podrás trabajar dando pasos seguros y sin perder el tiempo en clientes inútiles comercialmente hablando.

No existe mercados autosuficientes por lo cual es algo bastante habitual que cada vez que realicemos un viaje al exterior regresemos a nuestra casa con nuevas ideas de exportación, es común ver a intermediarios que corren al teléfono para llamar al proveedor y contarle las maravillas del país que acaban de visitar y las posibilidades que ofrece, ahora bien si eres de estos, te pido que antes de realizar ninguna llamada telefónica te tomes un pequeño respiro y te sientes a tomar un café, coge un lápiz y papel en mano y te contesta las siguientes preguntas.

1. Existen barreras legales para la importación de mi producto.
2. Existen aranceles de entrada específicos para mi producto.
3. Es necesario la figura de importadores locales. Se pueden obtener licencias de importación.
4. Existen barreras religiosas o culturales por parte de la población local.

Como podrás ver son preguntas que sólo se relacionan con barreras de entrada de tu producto. A medida que la operación de venta se vaya desarrollando existirán muchos mas temas de los que debamos informarnos sin embargo estas simples preguntas con un poco de habilidad y un ordenador sumado a el maravilloso buscador Google podrás encontrar la información que estás buscando.

Si ves que todas las preguntas tienen como contestación un " **NO**" entonces te sugiero que llames al proveedor no sólo con tus impresiones del viajes sino también con la pequeña información con la que te haz hecho. Te aseguro que lo evaluará. No existe ningún proveedor que se niegue a una oportunidad de venta.

Si las preguntas tienen un " **Sí**" como contestación entonces te aconsejo que olvides el tema ya que lo más probable es que el proveedor o bien ya conozca el país y sus inconvenientes o bien que luego se informe, en cualquiera de los dos casos estarás dando una imagen de poco conocimiento o falta de búsqueda de información por lo cual en ambos casos darás una mala imagen y eso no es nada recomendable y mucho menos en los comienzos donde cada acción que realices será evaluada por tus nuevos socios.

Si el **"No"** es la respuesta y corresponde a sólo una de las preguntas, lo dejo bajo tu propio análisis de raciocinio, yo en tu lugar lo comentaría con mi proveedor indicando que hay un punto negativo y lo estudiaría con el director de exportación de la empresa proveedora o el director general, ten en cuenta que en éste caso es necesario evaluar si el coste de la barrera de entrada valdría la pena con respecto al mercado futuro que os podeis encontrar.

Guía de trabajo

- ¿Cuál es el mercado objetivo?
- ¿Cuáles son los países escogidos para la internacionalización?
- ¿Podemos ofrecer sus productos en todos los países o tenemos restricciones?
- ¿Mis comisiones variarán dependiendo el país en el que venda?

El intermediario en el mercado actual

El creciente avance de las redes sociales sumado a una profunda situación de crisis laboral hace que cada vez nos encontremos con mas y mas emprendedores deseando incursionar en el mundo de las ventas internacionales.

El comercio exterior y las relaciones de compraventa entre diferentes culturas existe desde que el hombre contó con la capacidad de expresarse y sacar provecho de lo que unos hacían bien frente a la capacidad de sus vecinos de hacer otro producto con la misma efectividad que ellos mismos pero de características diferentes.

El comercio internacional es un mundo apasionante en donde todos tenemos cabida. Desde el empresario deseosos de extender sus fronteras, seguido por eficientes comerciales e intermediarios capacitados en contactar con los clientes adecuados hasta los clientes compradores deseosos de ampliar sus actividades económicas en sus mercados locales.

En nuestra lucha por querer crecer y ampliar horizontes podemos actuar en diferentes modalidades dentro del comercio exterior, ahora no está demás destacar lo importante que es un estudio profundo de todos los posibles entornos en los que nos podemos encontrar y conocer la forma correcta de actuar, pero con este libro voy a enseñarte a ser un intermediario comercial internacional eficiente. Para poder cerrar ventas efectivas en el comercio internacional no sólo debes ser buen gestor comercial y un excelente relaciones públicas sino que también debes conocer muy bien cada uno de los documentos necesarios para cerrar una operación.

Así como en el mercado minorista, cuando nos acercamos a una tienda a comprar una lavadora el cierre de la venta se origina cuando damos el sí y presentamos nuestra tarjeta para que se cobren el importe en el mundo de las operaciones internacionales la situación es un poquitín mas compleja, por lo cual es fundamental que los intermediarios que en este caso están actuando como figuras comerciales, deben saber como se desarrolla la operativa general básica de la venta internacional, la forma correcta de ofrecer el producto y saber exactamente que tipo de documentos serán necesarios para que la operación se finalice con éxito.

En las transacciones internacionales no basta sólo con el deseo de cerrar la operación, incluso con contar con el dinero para la compra sino que existen muchos pequeños detalles que si no se cumplen de forma adecuada la operación puede fracasar en cualquier parte posterior de la confirmación de compra.

Es muy importante que el intermediario conozca todos los aspectos básico del sector en el que va a comenzar a trabajar con el fin de adelantarse a cualquier posible complicación que pueda enturbiar el cierre de la venta. Un buen intermediario prevee los problemas y plantea soluciones antes de que siquiera el proveedor los vea.

Recordemos que como intermediarios o agentes comerciales el pago de tus comisiones será siempre por operaciones cerradas, por lo tanto es sumamente necesario que ofrezcas a la empresa vendedora operaciones claras y transparentes para así agilizar la venta y por lo tanto el cobro de tus comisiones sean más rápidas.

Guía de trabajo

- ¿Cuál es el sector en el que quiero comenzar?
- ¿Me voy a especializar en algún país o zona?
- Investigar zona y producto y realizar una breve ficha. Usos y costumbres, política de precios, cantidades consumidas, forma de adquisición por parte del consumidor.

El intermediario su función. A que se dedica.

Cuando queremos comenzar a trabajar en comercio internacional pero nuestros conocimientos académicos no son los suficientes o adecuados el comenzar a trabajar como intermediarios o agentes comerciales internacionales es una muy buena opción. Con ésta forma laboral podrás comenzar a generar ingresos de una forma rápida y a la vez ir adquiriendo los conocimientos del comercio exterior que aún no posees.

El intermediario o agente tiene como función fundamental el

conseguir clientes viables, ya sea para la empresa proveedora directamente o para la empresa de trading con la que opere. La búsqueda de clientes y el cierre de ventas exitosas no es una tarea para nada sencilla para lo cual siempre aconsejo que en primer lugar, antes de comenzar a realizar vuestra ardua tarea de búsqueda , debes tener bien atada y confirmada la relación laboral con la que vas a relacionarte con el proveedor o bróker, ya que de ello será fundamental para garantizar los clientes y las ventas. Una relación clara hará el cobro de tus comisiones no peligren.

*" Ya sea si posees un contrato por operación o por tiempo lo importante es saber que tu trabajo es la de el **conseguir ventas exitosas** porque ningún proveedor o bróker pagará una comisión sin antes tener la venta confirmada y efectivizada".*

Como principiante en el comercio internacional debo decirte y hacerte comprender que el tener millones de papeles en el escritorio y miles de correos en la bandeja de entrada con supuestas LOIs u ordenes de pedido solicitándote productos no significa nada si detrás de cada uno de esos supuestos pedidos no existen clientes reales. Por lo tanto es más que importante saber que tú trabajo comercial **"Nunca se verá retribuido"** si no sabes valorar tu mismo el gran trabajo que como agente comercial internacional estás comenzando a realizar.

El intermediario tendrá la función de:

- Búsqueda de nuevos clientes
- Realizar entrevistas comerciales
- Enviar información comercial
- Localizar al decisor de compra
- Cerrar y asistir a reuniones comerciales
- Cierre o semi-cierre de la acción de venta

El intermediario o agente comercial nunca interviene en las decisiones del precio del producto ya que esa tarea es exclusiva de la empresa proveedora o del bróker esto se debe a que el precio de venta incluye temas como costes de producción, costes de publicidad y marketing, comisiones comerciales, etc... que sólo los proveedores conocen y pueden evaluar. Las comisiones del intermediario siempre deberán estar firmadas en el anexo del acuerdo de colaboración con anterioridad, por lo cual éste es un tema de negociación con el comprador que para nada debería afectarte, lo mismo sucede con el método de pago, que también será negociado directamente por parte de la empresa proveedora y el comprador.

Guía de trabajo

- Realizarás una búsqueda activa de futuros clientes o harás una búsqueda pasiva a través de anuncios.
- Cuales son las zonas de mercado en donde vas a iniciar la búsqueda.
- Prepara la argumentación comercial. Dar el porque deben comprarte a ti y no a los competidores.
- Preparar los brochures comerciales adaptados con tus datos de intermediario comercial internacional.
- Creación de pequeña pagina web informativa de tu perfil comercial y que sirva de referencia para todos aquellos que te busquen.

El contrato del intermediario con su proveedor

El contrato de intermediario es el documento por el cual será garantizada la relación de los mismos con la empresa exportadora. Existen diferentes modelos de acuerdo que van desde una relación puntual comercial por cliente- operación hasta las relaciones mas amplias en el tiempo que pueden ir desde una zona geográfica o bien hasta la exclusividad de gestión de algunos clientes.

Si bien los acuerdos comerciales varían mucho dependiendo el mercado en el que estarás trabajando lo fundamental del contrato de intermediario es el poder garantizar la actuación de todas las partes con el fin de poder trabajar libremente sin temores de los famosos robos de clientes o también llamados **"puenteos de ventas"**. Por experiencia personal considero que la firma de acuerdos comerciales con los intermediarios no sólo dan garantías laborales y económicas a los mismos sino que permiten que tanto la empresa exportadora como los colaboradores trabajen en un aire distendido y cómodo. Teniendo en cuenta que en algunos casos los procesos de cierre de venta pueden ser largos, es fundamental que estos aires de apoyo y colaboración existan para poder cerrar una operación de venta exitoso.

El emisor

Las empresas exportadoras o de trading tienen modelos de colaboración para intermediarios y adaptados a los sectores en los que trabajan. Es muy habitual que sea su propio modelo el que te den para firmar.

El receptor

El intermediario o agente comercial.

Usos

El acuerdo de colaboración puede ser:

- Por una única operación
- Por tiempo determinado
- Por zona geográfica
- Por cliente y tiempo

Los acuerdos de colaboración contarán con un anexo en el que se incorporarán as comisiones comerciales recibidas por el intermediario así como el plazo y la forma de pago.

 Internacional

Silvana Moreira Dávila
Por MKT Internacional
Y
XXX
Por XXX

[Fecha]

PARTES

De una Parte,

MKT International (de ahora en adelante MKT), entidad de nacionalidad norteamericana, xxx , DE (USA) y provista de Código de Identificación de Empleador (EIN)XXXX.

Está representada en España por Silvana Moreira Dávila, con D.N.IXXXX, en su condición de Manager de MKT.

Y de otra Parte

XXX, entidad de nacionalidad XXX, con domicilio social XXX y registrada en XXX con el numero XXX.

Está representada en XXX por XXX, con D.N.I. XXX, en su condición de XXX.

Ambas partes podrán denominarse conjuntamente como "las Partes" o individualmente como "la Parte". Las Partes, de sus libres y espontaneas voluntades, manifiestan tener y se reconocen, mutua y recíprocamente, la capacidad legal necesaria para otorgar el presente Contrato de colaboración, a cuyos efectos

MANIFIESTAN

1. Que MKT tiene como objeto, entre otras actividades, el asesoramiento y gestión comercial para la internacionalización de empresas.

2. Que XXX tiene como objeto, entre otras actividades, el asesoramiento y gestión comercial.

3. Que las Partes, en virtud de la relación preexistente y del conocimiento mutuo, tienen acordada la celebración de un

acuerdo de colaboración en los términos que en el presente documento se establezcan.

4. Que, en virtud de las consideraciones precedentes, y al amparo de los artículos 51 del Código de Comercio y 1255 del Código Civil español, las Partes, de sus libres y espontaneas voluntades, han acordado otorgar el presente Contrato de colaboración (en adelante, "el Contrato") son sujeción a las siguientes

CLAUSULAS

PRIMERA: OBJETO DEL CONTRATO

1. Durante la vigencia del presente Contrato:

    a. MKT y XXX se comprometen a colaborar

    b. en aquellos proyectos y servicios comerciales relacionados con la internacionalización de empresas,

    c. o proyectos y servicios de cualquier otra naturaleza,

    d. mediante la prestación de un servicio determinado, ejecución de una obra, o cualquier otra actividad o trabajo,

    e. siempre y cuando así lo acuerden ambas partes

    f. para cada uno de los proyectos en los que colaboren,

    g. y haya constancia por escrito,

    h. bien en un contrato ad hoc, bien en correos electrónicos,

    i. tanto de su aquiescencia con dicha colaboración

    j. como del objeto particular, condiciones específicas y tipo de remuneración del proyecto de colaboración.

2. En consonancia con lo expuesto en el apartado 1 de esta primera clausula, el objeto concreto de cada proyecto de colaboración, es

decir el documento que crea y regula las obligaciones de cada parte, estará detallado en el contrato ad hoc o en los correos electrónicos en que se describan las funciones que serán realizadas por ambas partes.

SEGUNDA: ENTRADA EN VIGOR, DURACIÓN Y RESOLUCION

1. El presente contrato entrara en vigor el día de la fecha de su otorgamiento.

2. El presente contrato tendrá una duración de un año, a partir de la fecha de su firma, y será prorrogable tácitamente por periodos similares, salvo denuncia fehaciente de una de las Partes previa la prórroga del Contrato.

3. Cuando las Partes estén colaborando en uno o más proyectos, y cualquiera de las Partes notifique a la otra Parte su intención de resolver el Contrato, este permanecerá en vigor hasta el día en que el proyecto o proyectos en los que las Partes estén colaborando finalicen.

4. Cuando las partes no estén colaborando en ningún proyecto, cualquiera de las Partes podrá resolver en cualquier momento el presente Contrato sin más requisito que la notificación en tal sentido a la otra Parte.

5. Además de por el transcurso del plazo de duración pactado, o del de cualquiera de sus prorrogas, y de la facultad de dar por concluida la relación contractual prevista en los apartados 3 y 4 de la estipulación segunda, el presente Contrato se extinguirá en cualquier, momento sin necesidad de preaviso a voluntad de una de las Partes:

   a. Cuando la otra Parte hubiera incumplido total o parcialmente las obligaciones contractuales establecidas o las prescripciones legales de aplicación.

   b. Cuando la otra Parte hubiera sido declarada en situación de quiebra, o en su caso, concurso de acreedores, o cuando haya sido admitida a trámite su solicitud de suspensión de pagaos o quita y espera, en su caso.

TERCERA: CALIDAD

Las Partes se comprometen a prestar los servicios, ejecutar la obra, o cualquier otra actividad o trabajo acordados en los proyectos en los que colaboren, con la mayor diligencia y profesionalidad en la plena observancia de la normativa que sea aplicable. En todo caso, ambas partes se comunicaran con la máxima urgencia cualquier anomalía que detecten o que pudiera producirse.

CUARTA: REMUNERACIÓN

Dada la diversa naturaleza de los diferentes acuerdos de colaboración que las partes prevén concertar, la remuneración y forma de pago se detallaran en un acuerdo ad hoc para cada proyecto de colaboración.

QUINTA: NO ELUSIÓN

1. Las Partes se comprometen, durante la vigencia del Presente contrato y por el periodo de un ano desde la fecha de su resolución, a no contactar, entablar negociaciones, o realizar ningún tipo de negocios con terceras partes de las que hayan tenido conocimiento, directa o indirectamente, a través de la otra Parte, sin el previo conocimiento y consentimiento expreso por escrito de esa otra Parte.

2. A su vez, las partes deberán informarse mutuamente de cualquier transacción llevada a cabo dentro del marco de los proyectos en los que colaboren.

SEXTA: CONFIDENCIALIDAD

Las Partes se comprometen a mantener la confidencialidad y no revelar en forma alguna a ninguna tercera parte, de cualquier información, relacionada con la otra parte o con los clientes de esta, a la que tengan acceso por motivo de cualquier proyecto de colaboración entre ambas.

SÉPTIMA: VALIDEZ DE LAS CLAÚSULAS

Aunque se dicte la invalidez o inaplicabilidad de una o varias clausulas del presente Contrato o de una de sus partes, el resto de las clausulas o de sus partes continuaran siendo validas y teniendo vigor.

OCTAVA: NOTIFICACIONES

Cualquier notificación, requerimiento y escrito a que dé lugar el presente Contrato se consideraran entregados (salvo acuerdo en contrario) cuando se acuse el recibo de los mismos bien mediante correo electrónico, bien mediante correo registrado o certificado (con acuse de recibo) dirigido a las direcciones de los domicilios sociales de las Partes.

NOVENA: INEXISTENCIA DE RELACIÓN LABORAL

Las Partes establecen que en ningún momento existirá relación laboral entre una parte y la otra.

DECIMA: LEY APLICABLE Y JURISDICCIÓN COMPETENTE

El presente contrato se regirá e interpretara de acuerdo con las leyes de España y se someterá a la jurisdicción de los Tribunales de Madrid. Las Partes manifiestan su conformidad con el presente Contrato, que otorgan y firman en dos ejemplares igualmente originales, en la fecha indicada.

Silvana Moreira Dávila   XXX
Por MKT International   Por XXX

Las comisiones y su pago

Una vez firmado el acuerdo de colaboración y formalizada la relación laboral con el proveedor o bróker y hemos decidido que la única forma de trabajar con éxito es el trabajar de forma transparente existe el otro aspecto que es el que más preocupa a los intermediarios y es el de ¿quién me paga las comisiones?, ¿ me van a pagar?.

Llegados a este punto quiero que sepas que las empresas exportadoras si aceptan el tener colaboradores (existen empresas que no lo aceptan por política comercial) suelen tener especificado su sistema de retribuciones comerciales. En las operativas internacionales las mas utilizadas son transferencias propiamente dichas una vez cobrada la operación por parte del exportador o bien de forma automática reflejada en la carta de crédito recibida.

El intermediario emitirá una factura por los servicios comerciales y el exportador realizará el pago. Como podrás comprobar tu función en este punto de la operación de comercio internacional es el de ofrecer servicios comerciales por lo cual serás retribuido con el importe acordado con el exportador, por lo tanto tu trabajo ha sido el de ofrecer unos servicios que han dado la oportunidad de obtener un cliente nuevo a la empresa vendedora.

El tiempo o relación que mantendrás con los clientes conseguido para la empresa exportadora es algo que tendrás que haber acordado con anterioridad a comenzar a dar tus servicios comerciales pero ten en cuenta que la empresa exportadora o bróker siempre deberá tratar con la empresa importador, por lo cual la forma de gestionar en el futuro esos clientes deberá quedar muy claro desde los comienzos.

El acuerdo de pagos de comisiones dependiendo el sector en el que nos encontremos será un anexo firmado por operación y que deberá estar firmada y sellada por ambas partes.

En los modelos podrás ver uno de los tantos modelos de comisionistas que existen en el mercado, recuerda que siempre deberás tener un modelo a tu sector y la forma de trabajo acordada con el exportador.

CONTRATO DE REPARTO DE COMISIONES

[Fecha]
Mediante el presente documento,
de una parte
Silvana Moreira Dávila, con D.N.I. XXXX, representando a MKT
Internacional, entidad de nacionalidad norteamericana, con domicilio
XXXXXX y provista de Código de Identificación de Empleador (EIN)
XXXXXX
y de otra parte
XXX, con pasaporte numero XXX, representando a XXX , entidad de
nacionalidad XXX con domicilio social XXX
Acuerdan compartir cualquier comisión, ganancia y/o emolumentos,
y/o cualquier tipo de beneficio pecuniario o no, que se pudieren
generar como consecuencia de su colaboración como corredores
(brokers), consultores o cualquier otra forma de colaboración, en la
venta de XXX al cliente XXX del siguiente modo:
(a definir)
Ambas partes confirman que los datos del párrafo anterior son
suficientes para identificar la operación a la que el presente documento
se refiere.

Silvana Moreira Dávila
        XXX
Por MKT International
        Por XXX

Como buscar clientes reales. Escoger y descartar

Como hemos hablado en temas anteriores parece ser un mal habitual el encontrarnos con intermediarios deseosos de demostrar a quien sabe quien la cantidad de LOIs u ordenes de pedido que poseen. Pareciera como si todo se resumiera a ver quien tiene más papeletinas como si de un intercambio de cromos de niños de primaria se tratara, en fin como suelo decir y repetir hasta la saciedad y volveré a repetir **" No se cobran comisiones por ventas que no se transforman en pedidos reales"** por lo cual si te encuentras con otro intermediario que quiere colaborar contigo porque te ve muy profesional pero cuyo perfil responde al tipo de personas que te comento, será mejor que salgas corriendo hacia el lado opuesto donde él se encuentre ya que este tipo de pseudo-profesionales sólo te harán perder el tiempo, la paciencia y el dinero.

Hoy en día en donde el mercado internacional se encuentra tan accesible a través de las herramientas tecnológicas es fundamental que te encuentres presente en todas aquellos sitios en los que puedas participar. Aplicaciones como Twitter, Facebook, Google plus y otros son muy importantes para conocer personas y a la vez para dar a conocer tus servicios. También es importante el tener un formulario en tu propia web para que todos aquellos que te soliciten información puedan hacerlo de una forma sencilla. Hoy en día puedes hacerte tu mismo una página web con una calidad más que respetable. Lo más importante es el cuidado que pongas en el contenido de la web, que deberá ser claro y conciso.

Otro aspecto a tener en cuenta para la búsqueda de clientes es el participar en ferias como visitante y poder tomar contacto con los directores comerciales o con los mismos directores de las empresas con posibilidades de ser futuros clientes. Investiga en los sectores en los que tus productos se desenvuelven y el mercado al que te vas a enfocar y resume sobre cuáles son las ferias más importantes e intenta asistir. Si no puedes viajar infórmate a través de la web de la propia feria y hazte con el listado de participantes. Analiza los contactos que tu consideres interesantes y escríbeles un correo contándoles un resumen de tu objetico y el porque sería interesante tanto para ti como para ellos el poder contactar.

Participa en foros especializados y en diferentes blogs donde puedas aportar además de información comercial, tu propio punto de vista profesional en el sector, esto te dará una imagen de intermediario serio que sabe de lo que habla.

Solicita al proveedor que introduzca tus datos de contacto como intermediario o agente exclusivo (si lo eres) en su página web o en sus documentos comerciales.

Una vez que consigas tener una presencia estable el medios es importante saber seleccionar y analizar los supuestos pedidos que irás recibiendo. Aunque existen diferencias entre uno y otro sector te daré una guía rápida de análisis de una LOI u orden de pedido para que puedas clasificarla de aceptada para seguir adelante en el proceso de venta o bien para que la envíes directamente a la papelera.

Como debe actuar un intermediario:

- Interpretar la información
- Analizar las alternativas
- Desarrollar vías posibles de venta
- Frialdad para descartar
- Aprender a valorar tu trabajo

Debemos ser inteligentes y utilizar el conocimiento. Nuestro esfuerzo debe enfocarse en acciones reales que puedan llevarnos a ventas verdaderas y no en agotarnos en acciones que nunca nos llevarán por el camino del éxito. Si lo que en realidad deseas es participar de este juego del comercio exterior y el marketing internacional, no sólo debes tener conocimientos de la operativa, sino también el suficiente raciocinio para dejar tus sentimientos y esperanzas a un lado y ser una persona que utiliza su razonamiento.

Los 6 pasos para identificar un pedido real de una falso

1. El emisor de la LOI u orden de pedido debe ser el decisor final de la operación, no valen excusas.

2. Debe indicar exactamente el producto que se requiere, condiciones técnicas o demás especificaciones que el material requiera para su uso. No sirve el " Ya después te lo paso".
3. La cantidad debe ser real al mercado en que se desenvuelve. Muchas veces nos han enviado LOIs con pedidos de aceite de oliva que superaban al consumido por toda Madrid junta, no os parecería cuan menos extraño semejantes cifras??? No debemos obnubilarnos por futuras comisiones, recuerda que trabajar en pedidos falsos da cero comisión y son muchas las ilusiones y esfuerzos perdidos.
4. Incoterms. Afectará directamente en la logística escogida y por ende en el precio final de la mercancía.
5. Formas de pago. En comercio internacional mecanismos como las carta de crédito son las mas habituales, ahora bien cuando comenzamos a recibir peticiones de pago cuanto menos extrañas o poco habituales en este tipo de operativas, permitidme que dude y desee corroborar más la información.
6. Banco emisor del pago. Unas simples llamadas de averiguación pueden darnos información de la fiabilidad de nuestro posible comprador.

Como puedes ver los campos que os acabo de comentar son simplemente los que conforman una LOI u orden de pedido internacional por lo cual no es que debamos hacer investigaciones del otro mundo, ni que debamos aprender Latín, sino que simplemente analicemos cada una de las peticiones que nos llegan y nos tomemos 15 minutos para verificar.

Existen evidencias tan claras cuando recibimos ordenes de compra o LOIs falsas o faltas de un decisor de comprador real que aunque pongamos nuestra voluntad y nuestros mayores esfuerzos en ello, no conseguiremos cerrar una venta exitosa, por lo cual pon en práctica estos pasos comentados y no te dejes engañar.

Guía de trabajo

- Prepara tu propia información comercial. Utiliza la misma información en todas los medios.
- Dedica la primera hora de trabajo diario a actualizar y comentar en las redes la información.

- Analiza cada LOI u orden de pedido con la guía de pasos explicada anteriormente antes de desarrollar la oferta escrita.

La reunión comercial y el éxito de la venta

Una vez que hemos analizado nuestro futuro cliente y hemos comprobado que existen posibilidades reales de venta es el momento de cerrar una reunión comercial. Si tienes que desplazarte para realizar la reunión comercial, te aconsejo que intentes cerrar varias reuniones por la misma zona con el fin de aprovechar al máximo los costes de traslado. Otro mecanismo eficaz para reuniones comerciales de diferentes sitios puede ser el utilizar herramientas como Skype o hangouts de Google que nos permiten hablar y vernos sin tener que trasladarnos.

Preparación de la reunión comercial. Técnicas de venta para el comercio internacional

La venta como todos los pasos anteriores comentados no son fruto de la casualidad sino muy por el contrario deben ser preparados y estudiados con el fin de tener el mínimo de probabilidades de fracaso posibles. Si ya de por sí la venta especializada es difícil imaginemos si dejamos que el azar sea el que decida en nuestra venta.

Las reuniones comerciales deben prepararse y debes saber cual es exactamente el mecanismo de venta que quieres utilizar. Os haré un resumen de las posibles técnicas de venta que puedes utilizar en tu reunión con el cliente.

1- Método AIDA

El método AIDA es un método utilizado por los publicistas para el desarrollo de sus campañas. Consiste básicamente en conseguir del consumidor

- Atención
- Interés
- Deseo
- Acción

Es uno de mis métodos preferidos en el momento de preparar una presentación para un cliente. Los que teneos conocimientos de marketing sé que responderéis que es un método para desarrollar

las campañas publicitarias, ahora bien, ¿¿no es el fin de una campaña el conseguir aumentar las ventas o reforzar la imagen de marca que por ende llevará a un aumento de las ventas???
Y…¿cuando tenemos una reunión comercial no estamos ofreciendo en un espacio determinado, con un tiempo limitado los beneficios de nuestro producto?

Debemos preparar nuestra reunión a consciencia y sabiendo que en un primer momento deberás conseguir:

Atención

Captar la atención de nuestro espectador en este caso el decisor de la compra y/o en el influenciador presente en la reunión.

Captar la atención es conseguir captar la curiosidad. En una reunión comercial deberíamos conseguir captar la atención en los primeros 7 minutos, si no lo conseguimos en ese plazo de tiempo el poder remontar la reunión en nuestro beneficio será mucho mas difícil por lo cual explicar brevemente las características de nuestro producto pero enfocadas a la problemática del cliente será fundamental para conseguir esa predisposición de Atención.

Interés

Una vez captada la atención del cliente debemos incrementar su interés en nuestro producto. Cuando captamos la atención del cliente debemos incrementar su interés en los detalles que vamos contando.
Incrementaremos una curiosidad permanente en las posibles soluciones que pueda ofrecerle en su problemática. En su mente comenzarán a surgir dudas pero todavía no las reflejará en preguntas verbales, sin embargo las notaremos en su mirada y gestos.
Desde mi punto de vista la única forma real de captar el interés de un posible cliente es "satisfaciendo las necesidades", principio fundamental del marketing.
Dar pautas de satisfacción, presentar posibles problemáticas y soluciones con argumentos sólidos.

Una buena demostración del producto captará el deseo de la compra siempre y cuando los pasos anteriores hayan sido efectuados correctamente.
Comentar usos y experiencias reales de clientes actuales, lo que solemos llamar la puesta en práctica. Mostrarle como sería tener y sentir el producto en uso por su propia empresa. Mostrar los beneficios obtenidos.

Es un momento de desplegar toda la información disponible de interés, manuales, gráficos, folletos, imágenes visuales, ...Sabremos que hemos despertado el deseo cuando notemos que hemos despertado el interés de lo quiero y el cliente suele demostrarlo en la pregunta y entonces ¿cuanto cuesta?.

Recordemos que deseo es igual a lo quiero para mí, me gusta, me reporta felicidad. El deseo de un comprador no deja de ser diferente a cualquier otro deseo expresado por los seres humanos tales como el irse de vacaciones, casarme, una novia, etc... todos son deseos que reportan una alegría a mi vida, me dan mas ventajas y los sacrificios (valor económico en el caso de la compra) merecen la pena.

La acción es la compra del producto. Debemos generar en el momento todas las facilidades para el cierre.
Firma de un pedido, firma de un borrador de contrato que tendremos previsto. Siempre deberemos intentar lo máximo posible dejarlo cerrado en este momento y nunca dejarlo para después.

Existen reuniones en el caso del comercio internacional que son verdaderamente largas y duras, sin embargo lo mismo que en cualquier otra venta, debe dejarse cerrada casi en su totalidad en la presente reunión.

En todo momento hablo de producto debido a un tema únicamente práctico, sin embargo si vendéis servicios la forma de actuar es exactamente la misma.

2- Método SPIR

Situación, Problema, Implicación, Resolución desarrollada en 1990 por Rank Xerox. Originado en los años 90 en las cocinas de la empresa RankXerox se caracteriza en un conjunto de preguntas (mayoritariamente cerradas con un no más de 20 % de preguntas abiertas) que nos llevarán a conocer la problemática del cliente.

Situación

El análisis de situación es fundamental para saber cual es el terreno que estamos pisando. Debemos basarnos en preguntas sencillas que nos lleven al lugar exacto en el que nuestro cliente se encuentra. El método SPIR es un sistema que me gusta aplicarlo en ventas complejas y por lo tanto muy acorde a las operaciones de comercio internacional.

La investigación necesaria debe ser previa a la visita e in front of del cliente.
Por lo tanto deberemos preparar un breaf o resumen de información del cliente tanto a nivel general de empresa, como de la problemática por la cual fuimos llamados.

Existen muchos comerciales que debido a una supuesta timidez se niegan a comenzar una reunión realizando preguntas al comprador, sin embargo esta información sumada a la investigada con anterioridad nos llevara a cerrar y mejorar el espectro de nuestra propuesta.

Problema

Identificación de problemas. Sabemos la actividad comercial de nuestro cliente, conocemos el sector, conocemos nuestro producto, sabemos la problemática general del sector pero deberemos realizar las preguntas justas para identificar cuales son exactamente las dificultades de nuestro cliente.

Preguntas cerradas para recibir contestaciones cortas serán la mejor opción en este momento.

Existen clientes propensos a hablar y ampliar demasiado las respuestas, lo cual a un vendedor falto de experiencia puede llevarle a perder el centro de la problemática, tener mucho cuidado.

También es fundamental saber que un porcentaje de clientes cree que su problemática es una pero sin embargo la solución de la misma estará dada por la solución a otro problema que dará como respuesta una serie de soluciones en cadena. Analizar mentalmente todos los posibles escenarios.

Implicación

Una vez descubierta la problemática, el comercial deberá analizar y demostrar al cliente la "tragedia" no resuelta. Demostrará las consecuencias negativas que esta situación puede llevar al cliente y a su empresa.

Es importante que toda consecuencia negativa para un empresario y su empresa se traduce en falta de ventas, disminución de ingresos, aumento de costes, etc...

Demostrar un sentimiento de empatía para con el cliente al traducir en números su problemática, hará que el mismo se relaje e incluso amplíe con gestos y palabras la gravedad de su situación.

Si el comprador tiende a minimizar su problemática verifica que tu análisis de la problemática es la correcta y si no es así, corrige inmediatamente la línea de actuación. Existen otros clientes que utilizan este sentimiento de minimización debido a que ya están pensando en el coste de tu producto y desean un descuento, por eso es importante que conozcas la situación financiera del cliente que tienes delante.

Resolución (Necesidad/ beneficio)

Una vez identificadas las necesidades y demostrada la problemática y sus consecuencias nos centraremos en presentar las soluciones ofrecidas por nuestro producto. Recuerda que no es momento de enumerar las ventajas del producto sino de adaptar los beneficios del mismo como solución a la problemática establecida.

Debes presentar solución. Debes vender tranquilidad. Debes vender satisfacción. Debes minimizar el sentimiento de coste en relación al beneficio obtenido.

Como en toda reunión comercial debes obtener un tipo de compromiso por parte del comprador. Puede ser una LOI o bien una presentación, o una demo, etc... Si no es así lo más probable es que la venta nunca se realice.

Método de visualización o de algunos New Age

Sólo puedo contaros que lo aprendido en mis años de experiencia y de universidad dista mucho que, la efectividad en las ventas esté relacionada con la cantidad de veces que me mire al espejo diciendo lo buena que soy. Ojalá fuera así de fácil. En mis 5 años de carrera, más el MBA tuve que estudiar materias como psicología, psicología comercial y sociología y demás para conseguir estudiar el comportamiento humano de forma individual y grupal.

De esta forma tanto yo como otros profesionales aprendimos a leer y analizar las muestras de mercado y poder evaluar cuales serían las mejores estrategias de empresa y producto y claro esto dista mucho del pensamiento positivo como fuente del éxito.

También aprendimos técnicas de venta para poder enfocar la acción comercial mas adecuada dependiendo del cliente que tenemos delante y la complejidad del producto. Por cierto, también sufrí el tener que presentar todos los exámenes finales de forma oral, ya que de esta forma nos preparaban en técnicas de oratoria efectivas, y claro que mejor cliente que tener delante el profesor que evaluará si apruebas o no la materia ¡¡¡Ahhh!!! claro porque por supuesto estudiamos técnicas de oratoria efectiva, métodos para una entrevista y cierres de ventas.

Con todo esto no quiero dar miedo a nadie y hacerle creer que no puede cerrar una operación de venta efectiva, pero por favor no gastéis dinero en alguien que os cobra dinero dandoos la solución con el uso de milongas fáciles ofreciéndolas como técnicas de venta efectiva. Por supuesto que está muy bien tener confianza en uno mismo, tener una buena presencia, y si es posible oler bien cuando estemos frente al cliente, pero creerme que el conseguir una buena reunión comercial y conseguir el éxito en las ventas muy poco tiene que ver con estás nuevas técnicas neuro-científicas de venta. De verdad alguien puede creer que una reunión con 3 posible clientes americanos que desean comprar unos 3 millones de litros de mosto concentrado es posible cerrarla con lo que hemos aprendido en cursos como éstos??????

Por favor si no quieres ser unos vende motos sino por el contrario intentáis tomaros vuestro trabajo y a vuestros clientes con seriedad actuad con la misma seriedad y escoged una de las técnicas de venta enseñadas en este libro o la que tu mismo escojas, pero siempre utilizando el raciocinio. Y si después de todo esto queremos mirarnos al espejo y decirnos que "Sí podemos" me parece estupendo.

Guía de trabajo

- Preparar información del cliente
- Información del mercado en el que se encuentra actuando nuestro cliente
- Informarse de la problemática del cliente
- Preparar la información del producto
- Preparar posibles soluciones
- Informarse situación financiera del cliente
- Realizar presentación a medida
- Preparar cuestionario con preguntas abiertas y cerradas con la información que necesitaremos para completar una LOI

Los 6 documentos que el intermediario debe conocer

1. LA NCDA/IMPF. Los acuerdo de confidencialidad

En el capítulo de intermediarios y sus acuerdos con el proveedor hemos hablado de la necesidad de trabajar en completa sinergia con el proveedor o exportador con el fin de poder cerrar una venta exitosa y como bien hemos aclarado debes formalizar esta relación a través de un contrato que sea beneficioso para ambas partes. Sé perfectamente que los nuevos incursionistas en este mundo del comercio internacional tienen muchos miedos de ver su trabajo tirado por la borda y hasta cierto punto es comprensible pero lo que no podemos es inventarnos soluciones alternativas que no nos lleven a ningún sitio. Y es en éste punto de dudas y temores en donde nos encontramos con pseudo profesionales ofreciéndonos acuerdos de NCDA/ IMPF que en teoría garantizan "el cliente y el pago de las comisiones" perdóname que me ría y diga Ja, Ja y Ja.

Pero no voy a pediros que creáis en mí sino que simplemente utilicéis vuestra capacidad de razonamiento y analicéis vosotros mismos la información que os doy.

No puedo decir que los acuerdos de confidencialidad no existen porque estaría mintiendo, pero lo que sí puedo garantizar es que en donde no existen estos acuerdos es en el cierre de la operación de compra venta.

Los acuerdos de confidencialidad como su propio nombre lo indica se firman para que los intervinientes de un proyecto determinado tengan prohibido hablar del mismo fuera de las personas intervinientes en dicho proyecto. Existen proyectos de estudios de mercado o desarrollos de herramientas informáticas en donde el comprador del servicio pide absoluta confidencialidad del proyecto durante el transcurso del mismo con el fin de garantizar o bien datos sensibles de sus propios clientes o simplemente como estrategia de marketing.

Por ejemplo en nuestra empresa un cliente nos pide una investigación sobre las posibilidades del mercado de aceite de oliva español en sudamérica y para ello nos contrata y nos pide confidencialidad de proyecto, es decir no hablar con nadie fuera de la empresa contratada sobre el tema de nuestro estudio o por quien fuimos contratados, sin embargo una vez finalizado el proyecto si el proyecto continua adelante y pasamos a realizar una exportación la clausula de confidencialidad deja de tener sentido ya que la misma operativa de pago y logística de los productos vendidos hará que sean muchos los participantes implicados por lo cual una clausula de silencio no tendría ningún sentido. El banco emitirá una carta de crédito a un banco receptor, la naviera recogerá una mercancía a pie de barco o según el Incoterm acordado para enviarlo a destino, ¿qué sentido tendría una clausula de confidencialidad en este punto de venta de la comodities?? Y si aún así quisiéramos mantener nuestro secreto adelante, ¿creemos que podríamos gestionarlo y seguir adelante con el secretismo?.

Con estos ejemplos mi único interés es demostrarte la realidad de una operativa con respecto a la ficción creada por algunos intermediarios interesados en creer que sus pagos están garantizados gracias a procesos de oscurantismos y secretos bien escondidos. Cuando un intermediario decide formar parte de este proceso de venta internacional debe saber que parte de sus funciones será la de gestor comercial, pero no se convertirá en el exportador propiamente dicho, a menos que se convierta en bróker por lo cual si vuestra intención es la de ser un intermediario pero no la de ser un bróker deberás aceptar al proveedor y confiar en el acuerdo de colaboradores comerciales que tengas firmado ya que es totalmente imposible cerrar una operación si el exportador no habla de forma directa con el comprador para cerrar la venta, el pago y la logística.

Si en una operación tan sencilla como la compra de un coche investigas y visitas varias veces al concesionario. En una acción de comercio internacional en donde se juegan cosas como la capacidad financiera de la empresa, el prestigio de la marca o la apertura de un nuevo mercado porque piensas entonces que la empresa exportadora no va a cuidar al máximo los detalles y querer garantizar cada uno de los procesos? ¿ Tú lo harías? Si tu fueras la empresa exportadora firmarías acuerdos de confidencialidad del comprador??

2.La Carta de intenciones o LOI

La carta de intenciones es un documento que sirve para confirmar el interés del comprador y su buena predisposición para seguir negociando operaciones de exportación.

Las operaciones en comercio exterior son complejas y pueden llevar un tiempo de negociaciones relativamente largo por lo cual el cumplimentar una carta de intenciones o LOI es como dar formalidad al inicio de una negociación seria.

El emisor

La LOI reflejará todos los términos generales de la venta del producto, por lo tanto será emitida por el exportador.

El receptor

Será recibido y aceptado por el importador, en forma concreta al decisor de compra.

Usos de la LOI

Dependiendo el sector en el que nos encontremos la complejidad y el tiempo de la negociación puede ser desde unos 15 días hasta los 6 meses como promedio.

Para reducir lo mas posible la incertidumbre de las negociaciones internacionales es que se utiliza este documento, su objetivo primordial es que tanto los miembros de la empresa como los organismos decisores estén informados de las gestiones y los cambios que puedan producirse en el acuerdo.

La carta de intenciones o LOI también sirve para determinar los plazos de la negociación. En ella incorporaremos los cambios producidos por la inclusión de nuevos acuerdos o los cambios que se hayan producido a través de las diferentes reuniones comerciales.

Incoterm

Será definido por el acuerdo de las partes.

LOI must be typed on Buyer's own official letterhead showing full corporate name, registration number, office address, Business telephone, fax numbers and email address Esta carta de intenciones debe ser escrita en papel timbrado del comprador, mostrando el nombre corporativo, su identificación, dirección, teléfono, fax e e-mail

TO/A: END SELLER
VIA/VIA:

LETTER OF INTENT
CARTA DE INTENCIONES

We the undersigned xxxxxxxxxxxxxxxxxxxxxxxxxxxxxxxxxxxxx , **Mr. xxxxxxxxxxxxxxxxxxxxxxxxxxxxxxxxxxxx**
Hereby confirm with full legal and corporate responsibility that we are ready, to purchase the commodity **XXX** in the quantity and for the price as specified in the Terms and Conditions stated below:

El abajo firmante xxxxxxxxx, Sr. Xxxxxx, Confirma con completa responsabilidad que está dispuesto a adquirir el producto XXXX en la cantidad y por el precio especificado en los Términos y condiciones fijados a continuación:

COMMODITY /PRODUCTO: SPECIFICATIONS /ESPECIFICACIONES:	XXX International Standard
ORIGIN/ORIGEN:	XXX
CONTRACT QUANTITY /CANTIDAD DEL CONTRATO:	XXXXXXXX
LENGTH OF CONTRACT/DURACIÓN DEL CONTRATO:	Contract (12 months)
PORT OF LOADING/PUERTO DE CARGA:	Sellers choice (BRAZIL) CIF – PORT XXXXXX

PORT OF DESTINATION/PUERTO DE DESTINO:	
C.I.F. – PRICE PER XXX / C.I.F.- PRECIO POR XXX:	US$ xxxxx (xxxxxxxxxxxxxxx UNITED STATES DOLLARS) per MT
PACKAGING /PACKAGING: **DELIVERY SIZE** / TAMAÑO DE ENTREGA: **SCHEDULE OF DELIVERIES** / CALEDARIO DE ENTREGAS :	Standard export packing in 50 KG PP bags, 2% extra bags to be provided. **12.500 MT Monthy (IN VESSEL 12.500 MT)** **Ship Nomination : In 19 – 25 days after all bank procedures done.** **Shipment : In 33 – 47 days after all bank procedures done.**
MODE OF PAYMENT / METODO DE PAGO:	L/C (or other) against shipping documents;(PAYMENT ON LOADING PORT)
GUARANTEE / GARANTÍA :	SHOULD BE EFFECTED THROUGH AN MT 760 IN THE AMOUNT OF xxxxxxxxxxxx USD (xxxxxxxxxxxxxxxxxxxxxxxxxxxxxxxxxxxxxxxxxxxxxxxxxxxx THOUSAND UNITED STATES DOLLARS), CORRESPONDING xx(xxxx) MONTHS, WITH A MATURITY OF 14 (FOURTEEN) MONTHS AND AVAILABLE AGAINST POP (SWIFT MT 999) . THE BG SHOULD BE FIRST DEMAND, CLEAN AND FREE OF ANY LEANS. ISSUED OR CONFIRMED BY TOP 50 WORLD BANK.
S.G.S. INSPECTION AT PORT OF LOADING / S.G.S. INSPECCIÓN EN EL PUERTO DE CARGA:	Carried out at Seller's expense.
PERFORMANCE BOND: (only annual contract) / PERFORMANCE BOND: (solo contratos anuales)	2 % " certificate of property of the product emited by seller , signed by SGS (or other), delivered to the buyer when starts the loading;".
INSURANCE /SEGURO:	Cargo Insurance 110%.

BUYER´S DETAILS / DETALLES DEL COMPRADOR:

Company Name /Nombre de la compañía:	COMPLETE WITH CORRECT INFORMATION PLEASE RELLENAR CON INFORMACION CORRECTA, POR FAVOR
Registration Number / Número de registro:	COMPLETE WITH CORRECT INFORMATION PLEASE RELLENAR CON INFORMACION CORRECTA, POR FAVOR

Legal Representative / Representante legal:	COMPLETE WITH CORRECT INFORMATION PLEASE RELLENAR CON INFORMACION CORRECTA, POR FAVOR	
Designation / Cargo:	COMPLETE WITH CORRECT INFORMATION PLEASE RELLENAR CON INFORMACION CORRECTA, POR FAVOR	PASSPORT / Pasaporte:
Office Address / Dirección laboral:	COMPLETE WITH CORRECT INFORMATION PLEASE RELLENAR CON INFORMACION CORRECTA, POR FAVOR	
City / Ciudad:	COMPLETE WITH CORRECT INFORMATION PLEASE RELLENAR CON INFORMACION CORRECTA, POR FAVOR	
Country / Pais:	COMPLETE WITH CORRECT INFORMATION PLEASE RELLENAR CON INFORMACION CORRECTA, POR FAVOR	
Telephone / Telefono:	COMPLETE WITH CORRECT INFORMATION PLEASE RELLENAR CON INFORMACION CORRECTA, POR FAVOR	
Fax / Fax:	COMPLETE WITH CORRECT INFORMATION PLEASE RELLENAR CON INFORMACION CORRECTA, POR FAVOR	
Mobile Phone / Telefono Móvil:	COMPLETE WITH CORRECT INFORMATION PLEASE RELLENAR CON INFORMACION CORRECTA, POR FAVOR	
E-mail Address / Dirección de E-Mail:	COMPLETE WITH CORRECT INFORMATION PLEASE RELLENAR CON INFORMACION CORRECTA, POR FAVOR	
Website / Sitio Web :	COMPLETE WITH CORRECT INFORMATION PLEASE RELLENAR CON INFORMACION CORRECTA, POR FAVOR	

BUYER'S BANKING DETAILS / DETALLES DEL BANCO DEL COMPRADOR:

Bank Name / Nombre del Banco:	COMPLETE WITH CORRECT INFORMATION PLEASE RELLENAR CON INFORMACION CORRECTA, POR FAVOR
Address / Dirección:	COMPLETE WITH CORRECT INFORMATION PLEASE RELLENAR CON INFORMACION CORRECTA, POR FAVOR
Account Name / Nombre de cuenta:	COMPLETE WITH CORRECT INFORMATION PLEASE RELLENAR CON INFORMACION CORRECTA, POR FAVOR
Account Nº / Nº de cuenta:	COMPLETE WITH CORRECT INFORMATION PLEASE RELLENAR CON INFORMACION CORRECTA, POR FAVOR
SWIFT N° / Nº SWIFT:	COMPLETE WITH CORRECT INFORMATION PLEASE RELLENAR CON INFORMACION CORRECTA, POR FAVOR
Bank Officer / Oficial del banco:	COMPLETE WITH CORRECT INFORMATION PLEASE RELLENAR CON INFORMACION CORRECTA, POR FAVOR
Bank Phone / Telefono del banco:	COMPLETE WITH CORRECT INFORMATION PLEASE RELLENAR CON INFORMACION CORRECTA, POR FAVOR

Bank Fax / Fax del Banco:	**COMPLETE WITH CORRECT INFORMATION PLEASE** **RELLENAR CON INFORMACION CORRECTA, POR FAVOR**
Bank E-mail / E-Mail del banco:	**COMPLETE WITH CORRECT INFORMATION PLEASE** **RELLENAR CON INFORMACION CORRECTA, POR FAVOR**
Branch Code / Código de sucursal:	**COMPLETE WITH CORRECT INFORMATION PLEASE** **RELLENAR CON INFORMACION CORRECTA, POR FAVOR**
Bank Name / Nombre del banco:	**COMPLETE WITH CORRECT INFORMATION PLEASE** **RELLENAR CON INFORMACION CORRECTA, POR FAVOR**
Address / Dirección de la sucursal:	**COMPLETE WITH CORRECT INFORMATION PLEASE** **RELLENAR CON INFORMACION CORRECTA, POR FAVOR**

3. Orden de pedido internacional

En operaciones de importes pequeños o en sectores en donde los contratos de compraventa no suelen utilizarse la orden de pedido internacional es la que lo sustituye de una forma muy eficaz.

El emisor

La orden de pedido es emitida por el exportador

El receptor

La orden de pedido es recibida por el importador

Usos de la orden de compra Internacional

Aunque para algunas personas parezca extraño lo cierto es que en muchas operaciones de comercio internacional no se utiliza el contrato de compra venta sino que éste es reemplazado por una orden de compra debidamente cumplimentada y firmada por las partes.

En dicha orden el exportador plasmará las características del producto ofrecido y las condiciones de venta, tanto en relación de logística, precio y resto de requisitos solicitados y aceptados por el importador. Cuando las cantidades de producto son relativamente pequeñas o cuyo importe no es elevado o bien es un cliente habitual, es fácil encontrarnos con este tipo de cierre de operación formal sin necesidad de acudir a un contrato formal.

Los modelos de orden de compra varían dependiendo el sector en el que nos desenvolvamos y de si nos encontramos con una empresa de trading con sus propias reglas de cierre en la venta.

La orden de pedido siempre están relacionadas en un sistema correlativo por fecha de emisión y ese número será el identificativo en la factura comercial que se emitirá al importador.

Las ordenes de pedido sólo tendrán validez contractual cuando estén firmadas por ambas partes y nunca estaría de más que fuera acompañada por el sello de la ambas empresas. La firma siempre deberá ser de una persona con capacidad decisor y autorización para tal fin y no debemos olvidar que aunque nos la remitan por un medio telemático siempre deberemos contar con el original en nuestro poder.

Incoterm

El que se escoja para tal fin.

IRREVOCABLE CORPORATE PURCHASE ORDER

To : ---------

Via:----------

We, ------------------------------- here by confirm with full legal and corporate responsibility and under penalty of perjury that we are ready, willing and able to purchase the product described below according to the conditions of this ICPO.

Product Name
Origin
Quantity
Price
Loading Ports:
Destination port
Shipment
Performance bond

Cargo survey
Payment

BUYER'S BANKING DETAILS

Bank Name

Banl Address
Account Holder
Account Name
Account Number
Bank Officer Name
Bank Phone and Fax
Bank E-mail
Swift Code

We authorize to the Seller the right to conduct a Soft Prove on our account given above.

1. Buyer issue an ICPO (Irrevocable Corporate Purchase Order) with full Banking information, granting permission to seller to conduct soft – probe   and BCL + NCNDA/IMPFA.
2. Seller sends FCO to buyer, to be sign, seal and return.
3. Seller issues and sends Draft Contract to the Buyer.
4. Buyer reviews the Draft Contract, if necessary, makes modification counter signs and returns it to seller.
5. Buyer and Seller sign and exchange final contract.
6. After the legalization of the Contract, Seller provides a partial POP to Buyer.
7. Buyer issues non – operative BG or Mt 103/23 of Buyer's choice to Seller's Bank.
8. Seller issues full POP documents to Buyer through Bank to Bank.
9. Seller's Bank issue 2% PB to the Buyer Bank for product cost.
10. Seller shall issue the first cargo delivery confirmation and date.

Autho

 rized

 by:

Date:

Buyer's Seal and Signature

4. Carta de crédito o crédito documentario

El crédito documentario es el medio de pago y de financiación más utilizado en las operaciones de comercio internacional y el que mejor permite acordar de la mejor manera posible el momento del pago y el de la entrega de la mercancía. Concilia tanto los intereses del comprador como los del vendedor. Es el que ofrece seguridad de que no pagará hasta tener la certeza documental de que el vendedor ha cumplido sus obligaciones contractuales. El vendedor por su parte quiere tener la seguridad que recibirá la totalidad de lo acordado según el plazo y forma acordados, siempre y cuando cumpla con los requisitos establecidos.

El crédito documentario garantiza el cobro al exportador y la entrega de la mercancía al importador a través de la mediación documental y la intervención de entidades financieras siguiendo reglas y sus usos uniformes de los créditos documentarios. Es elaborado por el importador/comprador (ordenante) que transmite toda la información a su banco (banco emisor) solicitando la apertura de crédito documentario en un formulario que el banco le facilita previamente a la emisión de crédito.

Va destinado a la entidad financiera (banco emisor) que si la acepta procede a la apertura del crédito documentario, bien directamente o bien utilizando una entidad financiera del país beneficiario (banco avisador) quien añadirá o no confirmación.

El crédito documentario es un convenio en virtud del cual un banco emisor obrando a petición y de acuerdo con las instrucciones de un cliente (ordenante) se compromete irrevocablemente frente al beneficiario (exportador) directamente o por medio de otro banco (banco intermediario, banco avisador o banco confirmador) a pagar, aceptar o garantizar una operación con la condición de que el beneficiario presente o entregue unos documentos conformes cuyas características se concretan en el propio crédito dentro de un plazo y forma especificada.

La operativa de una compraventa internacional cubierta mediante crédito documentario es la siguiente:

1. El exportador (vendedor) y el importador (comprador) acuerdan realizar una compraventa internacional de mercancías

en unas condiciones que son la base de las condiciones del crédito documentario. Dicha compraventa puede plasmarse en un contrato, una orden de pedido o incluso una factura proforma firmada por ambas partes.

2. El ordenante (comprador/ importador) solicita al banco la emisión del crédito en las condiciones negociadas con el beneficiario (vendedor/ exportador) a través de un contrato de compraventa internacional o documento similar.
3. El banco (banco emisor) emite el crédito tras estudiar el riesgo solicitando a un banco corresponsal (banco avisador) que lo notifique e informe al vendedor/exportador (beneficiario) de la emisión del crédito
4. El exportador analiza el contenido del crédito, verificando la concordancia con los términos acordados en el acuerdo de compraventa.
5. Si está de acuerdo con las condiciones del crédito, envía por un lado la mercancía y por otro elabora y recoge la documentación adecuada solicitada en la apertura del crédito entregándola al banco avisador.
6. El banco avisador comprueba la conformidad de los documentos y los envía al banco emisor para su revisión.
7. Si el banco emisor considera los documentos conformes, abona el importe al banco avisador o se compromete al pago en el vencimiento acordado y simultáneamente adeuda el importe al ordenante o fija el vencimiento en su caso.
8. El banco avisador abona el importe en la cuenta del exportador y el banco emisor entrega los documentos al importador para que pueda despachar la mercancía.

Debido a la implicación y responsabilidad directa de la entidad financiera que emite el crédito documentario, ésta puede cambiar unilateralmente ciertos aspectos en la apertura, apareciendo como consignatario " a la orde de .." en un conocimiento de embarque B/L, con lo que se reserva a propiedad de la mercancía hasta la aceptación del importador del pago del importe correspondiente a la operativa. Esta práctica es habitual en la emisión de créditos a favor de empresas que se inician en el comercio exterior o cuando la entidad financiera no dispone de suficiente información financiera, cubriendo su riesgo interno con la posibilidad de subasta de la mercancía en caso de impago.

En el proceso de revisión de los documentos los bancos son muy rigurosos ya que en definitiva son ellos de acuerdo con las UCP 600 los responsables de verificar que se han cumplido las condiciones que se estipularon en el momento de la emisión del crédito.

El banco pagador puede rechazar documentos que presenten discrepancias, esto es documentos que no concuerdan con lo solicitado o presentan defectos de fondo, negándose a su pago, pero también puede gestionar con reservas los documentos con discrepancias adelantando el pago al exportador en base a su solvencia pero sin considerar el pago como definitivo hasta que sean levantadas las reservas por el banco emisor y el importador.

De acuerdo a la normativa UCP 600 los créditos deben emitirse siempre de forma irrevocable (no se pueden modificar) lo cual compromete al banco emisor no pudiendo ser anulados, salvo que todas las partes acepten. Obviamente si se hubiesen producido utilizaciones del crédito con anterioridad al proceso de anulación del compromiso deberán ser atendidas en las condiciones de la emisión.

El exportador debe solicitar la confirmación del crédito al banco intermediario cuando tiene dudas sobre el banco emisor o la solvencia del país en el que éste se encuentre domiciliado. El banco intermediario, al recibir la solicitud del crédito analiza el riesgo que asume y toma la decisión. En el caso de que el banco intermediario acepte la confirmación asume todas las obligaciones del banco emisor. La confirmación de un crédito documentario encarece su coste en base a los riesgos que tenga que asumir el banco confirmador.
Es aconsejable que el importador solicite los documentos que realmente confirmen el estado o calidad de la mercancía, para evitar posibles fraudes o deterioros ajenos a su responsabilidad. A nivel documental debe exigirse toda la documentación completa de la operación (documentos comerciales, de transporte, certificados, seguros, etc..)Así como las certificaciones específicas que exija la mercancía. No hay que olvidar que el crédito documentario es una modalidad de pago que se conoce como "pago contra documentos". La entrega de la mercancía y su pago se realizan contra la entrega de los documentos que son verificados por los bancos intervinientes.

El importador debe incluir en el crédito todas las cláusulas necesarias para la confirmación y garantía de cumplimento por parte del exportador de las especificaciones que impliquen riesgos sobre la mercancía de forma que incumplimientos en fechas o defectos de calidad pueden ser penalizados s fuera necesario.

Los gastos de un crédito documentario se suelen repartir entre comprador y vendedor pues cada parte tiene la facilidad de contratación con sus propias entidades financieras: el ordenante (importador) asume los de su país y el beneficiario (exportador) asume los originados fuera del país ordenante, no obstante hay que tener en cuenta que éstos últimos podrían llegar a ser rechazados por el beneficiario, recayendo de nuevo sobre el ordenante.

Todas las características y condiciones de los créditos documentarios deben ser pactadas entre exportador e importador con anterioridad a la apertura del crédito, ya que una vez solicitado y formalizado su modificación no es posible sin el consenso de todas las partes intervinientes de forma que sólo es posible modificarlos con este consenso paro siempre asumiendo el incremento de los costes bancarios.

Modelo apertura carta de crédito bancaria

Received from SWIFT

Network priority: Normal
Message output Reference: 6543 010126
Message input Reference: 6543 010125

SWIFT output delivery status: Open Asked
FIN 701 Issue of a documentary credit

Sender: NAME OF THE ISSUING BANK
       IMPORT-CITY
       IMPORT-COUNTRY

Receiver: NAME OF ADVISING BANK
        EXPORT-CITY AND POSTAL CODE
        EXPORT-COUNTRY

NUR: SB-87654   Banking priority: Normal

20	:	Documentary credit number SB-87654
23	:	Issuing bank's reference SBRE-777
31C	:	Date of Issue January 26, 2009
31D	:	Date and place of expiry March 26, 2009 Export-City, Export-Country
32B	:	Currency code amount Twenty Five Thousand U.S. Dollars (USD 25,000.00)
39B	:	Maximum credit amount Not exceeding Twenty Five Thousand U.S. Dollars (USD 25,000.00)
40A	:	Form of documentary credit Irrevocable
41D	:	Available with... by... Draft(s) Dracn on name of advising bank
42C	:	Drafts at At sight for full invoice value
42D	:	Drawee – Name and Address Name of advising bank
42C	:	Partial Shipments Prohibited
43T	:	Transhipments Permitted
44A	:	On board/disp/taking charge Name of port, Export-Country
44B	:	For transportation to Name of Port, Import-Country

Description of goods

45B : Delivery Terms
Incoterm used, for example CIF port Import-Country

46A : Documents required

1. Signed commercial invoice in five (5) copies indicating the buyer's Purchase Order No. DEF-101 dated December 20, 2008
2. Packing list in five (5) copies.
3. Full set 3/3 clean on borrad ocean bill of lading, plus two (2) non-negotiable copies, issued to order of Name of Issuing Bank, Import-Country, notify the above accounteee, marked "freight Prepaid", dated latest March 2, 2009, and showing documentary credit number.
4. Insurance policy in duplicate for 110% CIF value covering Institute Cargo Clauses (A), Institute War and Strike Clauses, evidencing that claims are payable in Import- Country

47A : Additional conditions

1. All documents indicating the Import License No. IP/123456 dated January 10, 2009
2. Draft(s) drawn under this credit be marked: Draw under documentary credit No. SB-87654 of The Issuing Bank Import-City, Import-Country, dated January 26, 2009
3. This credit is subject to the Uniform Customs and practice for Documentary Credits, International Chamber of Commerce Publication No. 600.

48 : Period of presentation
Documents must be presented for payment within 15 days after the date of shipment.

49 : Confirmation instructions
Add your confirmation

50 : Applicant
Name, adress of the import company

52A : Issuing bank
Name, city and country of the issuing bank.

57D : Advise through bank
Name, adress of the advising bank

59 : Beneficiary
Name and adress of the export company

71B : Charges
All charges outside the Import-Country are on beneficiary's account

72 : Sender to receiver infomation
This is an operative instrument, no mail confirmation to follow

78 : Instruction to pay/accept/negot.bank
Documents to be forwarded to us in one lot by courier

5. Remesa documentaria

La remesa documentaria es uno de los medios de cobro/pago mas utilizado en las operaciones de comercio exterior ,mediante el que un exportador entrega un conjunto de documentos comerciales y financiero en su banco para que éste gestione con el banco del importador el cobro o la aceptación de una letra de cambio por el importe de la operación contra la entrega de los documentos.

El emisor

Lo emite el exportador que transmite toda la información y los documentos a su banco para que gestione el cobro.

El receptor

Lo recibe el importador que debe pagar el importe o aceptar la letra para recibir los documentos que le permitan despachar la mercancía.

Usos de la remesa documentaria

En este medio de pago a diferencia del crédito documentario la iniciativa para el pago de la operación de exportación la toma el exportador a través de la siguiente operativa:

1. El exportador envía la mercancía al lugar convenido
2. Elabora los documentos que ha sido el importador (factura comercial, documentos de transporte y seguro, certificados, etc,.) y los entrega en su banco acompañados de una letra de cambio a la vista o al plazo a cargo del importador y por el importe de la operación.
3. Instruye a su banco para que envíe los documentos al banco del importador. Entre las instrucciones indicará sin los documentos se deben entregar al importador contra la aceptación de la letra D/A (pago aplazado) o contra el pago de la letra D/P (pago a la vista).
4. El importador si cumple con la aceptación o el pago de la letra recibe la documentación que le permite despachar la mercancía.
5. El uso de este medio de pago representa un grado de confianza intermedio entre el exportador y el importador frente al crédito documentario (grado de confianza mínimo) y la transferencia bancaria (grado de confianza máximo).

El riesgo del exportador radica en la negativa del importador a aceptar o pagar la letra, ya que si bien podrá mantener la propiedad de la mercancía ésta se encuentra situada en el país de destino con las siguientes dificultades para venderla a otro cliente o los gastos de transporte para devolverla al país de origen. En el caso de que sea una remesa contra aceptación de la letra, riesgo del exportador es mayor ya que el importador puede retirar la mercancía y posteriormente no hacer frente al pago. El exportador tendrá que dar instrucciones a su banco con respecto al protesto o no de la letra de cambio en el caso de falta de aceptación o pago.

Incoterms

El acordado en el contrato.

Modelo de remesa documentaria bancaria

Empresa / Company:

Dirección / Address:

Teléfono / Telephone:

Fax: Fecha / Date:

Destinatario/ Consignee:

Dirección / Address:

Referencia / Reference	Importe / Amount	Vencimiento / Expiry date	Librado / Drawee

Factura Nº / Invoice Nº   Fecha / Date

Letra de Cambio / Bill of exchange	Factura Comercial / Comercial Invoice	Nota de pesos/ Weight Note	Póliza de seguros/ Insuranse Policy	Conocimiento de embarque/ Bill of landing
Lista de Contenidos/ Parking List	Certificación de inspección/ Certificate of Inspection	Certificado de calidad / Certificate of quality	Certificado de origen Certificate of origin	Otros / Others

Relativa a la expedición de:
Related to Consignment of:

6.Factura comercial

Es el documento administrativo que contiene toda la información de la venta. Se detalla el concepto la cantidad y el importe de los productos/servicios vendidos, las condiciones de entrega y de pago así como los impuestos y demás gastos que genera la venta.

Mediante un original de la factura el importador declara ante la autoridad fiscal de su país, el importe que debe abonar a quién lo abona y la forma de pago que se ha concertado. Para el exportador supone la prueba documental de las ventas que ha realizado a mercados exteriores.

En las operaciones con terceros países forma parte de la declaración aduanera sobre la cual se debe abonar a la entrada de los productos en el país, los impuestos y derechos arancelarios que se aplican. En las operaciones intracomunitarias sirve como declaración de la transacción y exoneración de los impuestos para el cumplimiento de las condiciones básicas en la liquidación de impuestos.

Emisor

El exportador

Receptor

El importador y la aduana de importación.

Usos de la factura comercial

Las facturas comerciales deben coincidir con los de la operación por lo tanto con los de los otros documentos relacionados con ella como por ejemplo lista de contenidos, documentos de transporte, etc.

En el caso de ventas a países extracomunitarios y de operaciones que se abonan con crédito documentario es aconsejable desglosar el importe del transporte y seguro. Dichos importes deben ser concordantes con los documentos de transporte y seguro.

No existe un modelo universal de factura comercial internacional. Cada empresa debe diseñar la suya en función de los productos que vende y de la información que deba dar sobre sus operaciones de comercio exterior.

En principio no es necesario que la factura comercial esté firmada ni sellada, salvo que así lo exija la normativa del país de destino de la mercancía. No obstante es aconsejable firmarla y sellarla con la finalidad de establecer formalidad legal sobre ella ya que esto la convierte en un documento único y evita su copia fraudulenta. Especialmente si la exportación se va a abonar mediante crédito documentario es preferible firmarla. Debe firmarse únicamente por el administrador, gerente, o persona que ostente poderes notariales de litigio por fraude documentario si llegara el caso.

La factura comercial en sí misma no confiere propiedad alguna de la mercancía salvo que vaya acompañada del documento justificativo de liquidación y pago del importe total realizado por el importador.

Es conveniente que antes de su emisión el importador confirme al exportador los datos que deben figurar en ella así como las particularidades a las que pueda estar sometida por el país de destino.

El idioma será el solicitado por el país de entrada.

Es muy aconsejable incluir en la factura comercial la partida arancelaria (código TARIC) correspondiente a la mercancía con la finalidad de agilizar trámites identificativos aduaneros así como la aplicación de los derechos arancelarios.

Modelo factura comercial

COMMERCIAL INVOICE

Invoice Nº Introducir número de factura
Date Introducir fecha de la factura

Invoice Address (no private individuals): Proporcionar dirección fiscal válida y nombre del destinatario. Proporcionar VAT del destinatario	Delivery terms (Incoterms) Reflejar condiciones de entrega (incoterms) de acuerdo a las mismas condiciones que en el contrato de venta
Ship to (no private individuals): Indicar dirección de la entrega **Contact person:** Indicar nombre y apellidos de la persona de contacto a quien hacer la entrega **Phone:** Indicar el número de teléfono de la persona de contacto	**Delivered under:** Indicar número y fecha del contrato de la venta **Payment terms** Señalar las condiciones de pago, según lo recogido en el contrato de venta.

No item m	Description	Country of origin	Net weight/kg	HS Code	Qty (pieces)	Unit price, USD	Total price, USD
1.	DESCRIPCION DETALLADA DEL CONTENIDO MOTIVO DEL ENVIO MATERIAL; MARCA MODELO,NUMERO DE SERIE,,NUMERO DE PIEZA,DETALLE TECNICOS, COMPOSICION QUIMICA	PAIS DE ORIGEN NOMBRE DEL FABRICANTE	PESO NETO	APORTAR PARTIDA ARANCELA RIA	NUMERO DE UNIDADES	INDICA R EL VALOR UNITAR IO DE LA MERCA NCIA ADJUN TAR FACTU RA O TICKET DE COMPR A	VALOR TOTAL DEL CONMT ENIDO
2.							
						Total, USD	VALOR TOTAL DEL CONTE NIDO (A)

Insurance cost, USD:	Indicar el coste del seguro, en caso que el envio haya sido asegurado (B)

Freight cost, USD:	**Indicar el coste de transporte en USD (para incoterms DDU, CPT, CIP, CIF)** (C)
Total for payment, USD:	**Indicar coste total:** (A) + (B)+ (C) **para los incoterms DDU, CPT, CIP y CIF**

Gross Weight, kg (total) :	**Indicar peso bruto total, el mismo que se ha indicado en el AWB**

Signed by:	Firma autorizada y sello de la empresa

Agradecimientos

Quiero agradecer en primer lugar a mis hijos y mi marido ya que sin su eterna paciencia ninguno de mis trabajos sería posible. Espero que toda la información te sea de utilidad para comenzar a trabajar en éste mundo del comercio internacional.
Si deseas comentar el libro o quieres hablar directamente conmigo visita mi web http://www.mktinternacional.com

Bibliografía
Documentacion banco Santander
Documentación MKT Internacional
Foto de portada Javier Leiva
Marketing internacional José María Moreno